Le Problème de la Liberté

A propos de psychothérapie

LETTRES AU DOCTEUR P. DUBOIS

Professeur de Neuropathologie à l'Université de Berne

PAR

l'Abbé JEAN BONNIFAY

DOCTEUR EN MÉDECINE

Professeur de Philosophie au Grand Séminaire de Marseille

PARIS

LIBRAIRIE P. LETHIELLEUX

22, rue Cassette, 22

1905

Le Problème de la Liberté

A propos de psychothérapie

LETTRES AU DOCTEUR P. DUBOIS

Professeur de Neuropathologie à l'Université de Berne

PAR

3045

l'Abbé JEAN BONNIFAY

DOCTEUR EN MÉDECINE

Professeur de Philosophie au Grand Séminaire de Marseille

PARIS

LIBRAIRIE P. LETHIELLEUX

22, rue Cassette, 22

1905

PERMIS D'IMPRIMER.

Marseille, le 24 Août 1905,
en la fête de saint Barthélemy, apôtre,

† PAULIN, Ev. de Marseille.

AVANT-PROPOS

Les lettres que l'on va lire sont une réponse à l'ouvrage de M. le professeur Dubois, paru en 1904, sous le titre : *Les psychonévroses et leur traitement moral*, avec une préface de M. le professeur Déjerine. Cet ouvrage a été très remarqué dès son apparition, et il le mérite par l'originalité des aperçus thérapeutiques et la finesse des analyses psychologiques. Mais il contient une partie philosophique (leçons III, IV et V) qui appelle les plus extrêmes réserves. M. Dubois est matérialiste et ne s'en cache pas. Il affirme, il étale ses convictions avec une candeur communicative. Sans apporter, du reste, de preuves nouvelles, il reproduit contre la spiritualité de l'âme des arguments sans valeur, tirés de la physiologie et de la psycho-physique ; mais il les reproduit dans un style si clair et avec tant de bonne foi, qu'ils prennent, sous sa plume, une force qui séduit et entraine.

C'est à cette partie philosophique seule que s'adressent nos critiques : nous n'éprouvons pour l'œuvre éminemment utile du médecin que respect, nous dirons même qu'admiration. Comme la liberté humaine a été pour M. Dubois l'occasion d'attaquer les doctrines spiritualistes, c'est aussi à la défense de cette liberté que nous consacrons ces lettres. La première a pour but de montrer que la liberté est nécessaire à la morale. La deuxième répond directement aux arguments tirés de la physiologie contre la liberté. La troisième expose, aussi simplement que possible, la nature de la liberté.

Ces lettres ont déjà paru séparément dans la *Pensée contemporaine, revue des questions philosophiques, sociales et religieuses*, en février, mars et avril 1905. Nous devons à la justice d'offrir ici au distingué directeur de cette revue, M. le chanoine Élie Blanc, professeur de philosophie à l'Université catholique de Lyon, nos remerciements pour l'accueil qu'il a fait à notre modeste travail et pour les précieux encouragements qu'il nous a prodigués.

Marseille, le 8 Septembre 1905.

Jean BONNIFAY.

PREMIÈRE LETTRE

Exposé critique. — Rapports de la morale et de la liberté.

MONSIEUR LE PROFESSEUR,

Permettez-moi de vous remercier, avant tout, du plaisir que j'ai trouvé à lire votre ouvrage sur les psychonévroses et leur traitement moral. Vous savez analyser avec beaucoup d'art ces maladies complexes où les désordres et les troubles fonctionnels sont hors de proportion avec la lésion organique qui peut les accompagner. Vous montrez à merveille l'influence du moral, c'est-à-dire de la pensée, qu'elle pèche par excès d'imagination ou par défaut de logique, dans ce retentissement exagéré et absurde d'une petite souffrance locale sur tout l'organisme. Non moins thérapeute que clinicien, à mal psychique vous opposez le remède qui lui convient, le remède psychique. L'influence morale du médecin n'est pas, entre vos mains, quelque chose de vague ni de mystérieux : vous en faites un moyen rationnel de traitement et vous en précisez les indications. Et, dans l'application pratique du remède, on devine chez vous une autre qualité non moins précieuse, non moins nécessaire que l'esprit d'observation, la bonté du cœur. Je ne doute pas que ces deux qualités que vous possédez heureusement unies n'aient contribué, chacune pour sa part, à vos nombreux succès. J'aime à voir vos malades, même lorsque la compassion est impuissante à éloigner la cause de leurs souffrances, étonnés du bien que vous leur faites par votre sympathie (v. p. 286). J'aime à vous entendre déclarer que pour faire de la psychothérapie, il suffit d'avoir du tact et de la bonté (p. 40), et que, pour modifier l'état d'âme de celui qui est tombé, il faut l'aimer comme un frère, le prendre sous le bras, dans le sentiment profond de notre débilité commune (p. 73).

Avec ce talent de voir juste, avec ce désir de bien faire, vous vous engagez hardiment dans une voie où vos devanciers avaient fait à peine et timidement quelques pas. La psychothérapie se présente entre vos mains comme une véritable méthode thérapeutique, rationnelle dans sa nouveauté. Non seulement vous nous exposez votre manière d'agir, mais vous tentez de la justifier par des vues théoriques. C'est parfaitement légitime : on ne marche avec assurance dans la pratique que si l'on se sent soutenu par des principes fondés en raison. Je ne puis que vous féliciter d'avoir tenté de faire la philosophie de votre thérapeutique : mais je regrette que vous ne soyez pas allé jusqu'au bout de votre logique ; que, séduit par la simplicité de l'hypothèse à laquelle vous vous rattachez, vous n'ayez pas cru devoir l'examiner jusqu'en ses premiers principes et en ses dernières conséquences. Un tel examen vous eût amené, j'en suis sûr, à rejeter ce qu'il y a d'impossible dans le monisme évolutionniste, et à ne pas lier votre méthode thérapeutique à une philosophie inconséquente. Il vous eût même évité certaines contradictions que l'on peut relever dans votre ouvrage. C'est ainsi qu'après avoir rejeté les notions de responsabilité et de liberté, vous exaltez « la valeur du courage moral, de la tendance continuelle au perfectionnement de notre personnalité morale » (p. 39-40). Ou encore, après avoir affirmé, à la page 56 : « Plus j'analyse mes propres actes de volonté ou ceux de mes semblables, moins je constate ce qui devrait caractériser la volonté, c'est-à-dire l'effort », vous convenez, quelques pages plus loin, que, « au cours du perfectionnement moral, la lutte commence, — la tâche est ardue » (p. 63). La contradiction n'est que plus nette lorsque vous faites observer que cette lutte « n'implique pas un effort volontaire dont nous sommes radicalement incapables. »

Il me semble voir ici ce mélange confus de matérialisme et de spiritualisme dont vous parlez quelque part. Si, chez vous, le matérialisme n'est pas irréfléchi, il ne parait cependant pas avoir pris encore pleine possession de lui-même, et je ne sais s'il ne faut pas attribuer à un reste de spiritualisme inconscient les notions de devoir et de moralité qui survivent chez vous à la ruine de la liberté. C'est qu'en effet, hors du spiritualisme qui seul sauvegarde la liberté morale, les concepts de responsabilité, de devoir, de bien moral ne se comprennent plus ; ils deviennent des mots vides de sens, et vous êtes bien forcé d'en convenir vous-même (p. 49). Vous vous efforcez de leur donner un sens nouveau : y avez-vous réussi ? Je prétends montrer le contraire, et faire voir que votre tentative pour édifier la morale sur d'autres bases que celles du spiritualisme est condamnée d'avance.

Mais avant de critiquer un système, il faut en donner une idée d'ensemble.

La méthode thérapeutique exposée dans votre livre s'appelle psychothérapie : c'est un procédé avant tout psychique : « Le but du traitement, dites-vous, doit être de rendre au malade la maîtrise de lui-même ; le moyen, c'est l'éducation de la volonté, ou plus exactement de la raison » (p. 29).

Ici une objection se présente à votre esprit :

« Mais, dira-t-on, cette déclaration est d'allure franchement spiritualiste. Mettre ainsi au premier plan l'influence du moral sur le physique, c'est revenir, en philosophie, au spiritualisme dualiste ; c'est retomber, au point de vue nosographique, dans la conception simpliste des névroses considérées comme *morbi sine materia.*

« Je repousse l'un et l'autre reproche » (p. 29).

De la conception nosographique, je n'ai rien à dire, sinon qu'elle n'est peut-être pas liée aussi étroitement que vous voulez bien le dire à la conception philosophique : c'est de celle-ci que je m'occuperai seulement. Au spiritualisme dualiste, à l'absurde dualisme cartésien, comme vous l'appelez quelque part, vous opposez le monisme, c'est-à-dire l'affirmation de l'identité entre l'esprit et la matière. La preuve de cette identité, vous la trouvez dans un fait brutal, reconnu par tous, même par les philosophes spiritualistes, même par un prélat catholique, Mᵍʳ d'Hulst. Ce fait, c'est la concomitance, le parallélisme constant entre les phénomènes psychiques et le travail dont le cerveau est le siège (p. 29).

Ou bien il y a entre les deux phénomènes concomitants un lien de cause à effet ; ou bien ils sont tous les deux sous la dépendance d'un troisième facteur (p. 33). Vous rejetez aussitôt cette dernière hypothèse qui fait songer à l'harmonie préétablie de Leibniz (*ibid.*). Vous rejetez également la thèse idéaliste de Parménide et de Berkeley, qui n'admettent qu'une seule réalité, l'esprit qui connaît (*ibid.*) ; et vous ne trouvez plus devant vous qu'un seul parti possible : considérer la pensée comme le produit de l'activité cérébrale (p. 34). C'est le monisme matérialiste.

La première conséquence de ce monisme, et celle que vous développez avec le plus de complaisance, c'est le déterminisme le plus rigoureux, étendu du monde de la matière au monde de la pensée, du domaine physique au domaine moral. Il semble que le concept de liberté soit pour vous un ennemi personnel ; qu'il ruine par la base vote méthode thérapeutique ; et vous employez une leçon tout entière, la quatrième, à en démontrer l'inanité ; vous y revenez encore au début de la septième leçon, où je trouve exposée la théorie de la psychothérapie : « Dans la conception moniste, dites-vous, l'homme est un ; il n'est qu'un organisme fonctionnant, réagissant sous l'influence d'excitants multiples, intérieurs et extérieurs » (p. 87). — « Les muscles de la vie de relation obéissent aux excitations venues du cerveau » (p. 88). — Le cerveau lui-même, ce roi de nos organes, qui commande impérieusement à toute l'armée des muscles, est passif aussi » (*ibid*.).— « Il est impossible de surprendre chez l'homme ou chez l'animal la moindre trace de spontanéité » (*ibid*.).

Excitations sourdes venues de la sensibilité organique, sensations recueillies par les organes des sens dans le monde extérieur, idées formées par l'intelligence : tels sont les moteurs qui viennent impressionner tour à tour la cellule cérébrale, pour la déterminer à l'action, et toujours avec la même nécessité. Ainsi s'évanouit la notion même de volonté que vous déclarez inutile (p. 44, sommaire de la 4e leçon).

L'objection qui a retenu Flournoy et Naville sur la pente du déterminisme, la ruine imminente de la morale, ne vous arrête pas un instant : vous affirmez que cette crainte n'est qu'une illusion (p. 46) ; « que l'hypothèse déterministe n'exclut ni la réflexion, ni le retour sur soi-même, ni le développement moral » (p. 51 ; cf. p. 89).

C'est sur ce déterminisme que vous allez vous appuyer pour relever la moralité humaine : « renforcez l'action des motifs nobles, et cette heureuse passivité amènera le perfectionnement moral » (p. 89).

La morale ainsi sauvée du naufrage n'est autre chose (est-il besoin de le dire ?) qu'un produit de l'évolution, « l'œuvre des penseurs de tous les temps qui ont eu l'intuition du Vrai, du Beau et du Bien, et ont cherché à fonder sur la raison le code moral qui doit nous servir de guide » (p. 61). « Elle est sociale avant tout, et se résume dans ce précepte : « Ne faites pas aux autres ce que vous ne voudriez pas qu'on vous fît » (p. 62). Elle n'est pas absolue, mais « relative et variable dans certaines limites suivant les milieux humains » (ibid.).

Tels sont les principaux traits de votre système philosophique et de la morale qui en est le couronnement : moniste en métaphysique, déterministe en psychologie, vous vous efforcez en vain de sortir de la morale de l'intérêt ou du sentiment pour aboutir à la morale du devoir. L'ébauche que vous nous présentez pèche par deux côtés à la fois : elle manque du fondement objectif qui est la loi, posée en face de la volonté humaine pour la diriger, et du fondement subjectif qui est la liberté humaine capable de recevoir la loi. C'est le premier reproche que je ferai à votre théorie. Mais ce sera pas le seul : pas plus que votre morale sans liberté, je ne puis accepter votre psychologie détermi-

niste, ni votre métaphysique matérialiste. C'est ce que
je développerai dans cette lettre et les suivantes.

*
* *

« Il y a une responsabilité sociale qui autorise la
société à réprimer le vice, ou, ce qui vaut mieux, à le
prévenir... Il y a une responsabilité morale qui nous
incite, non seulement à respecter les lois, à éviter le
conflit avec la société, mais nous force à nous courber
devant l'idéal d'une loi morale » (p. 60).

Cette distinction, que vous rappelez avec beaucoup
d'à-propos, car elle paraît bien oubliée dans les discus-
sions juridiques et médico-légales, nul ne l'a affirmée
et défendue avec plus de fermeté que l'Église catholique.
Elle reconnaît deux sortes de tribunaux, deux fors,
pour employer le langage du droit canonique ; le for
interne ou for de la conscience, et le for externe ou
tribunal ecclésiastique.

Au for interne, ressortit la moralité de l'acte : ici pas
d'avocats ni de ministère public : le coupable est seul
accusateur de son crime, et il est tenu de l'accuser avec
toutes les circonstances qui peuvent en changer la
nature ou la gravité. Le juge qui siège à ce tribunal n'a
pas mission de faire œuvre sociale : il n'a pas à sa
disposition la force publique pour faire exécuter ses
sentences, il ne peut même pas se servir de ce qui lui a
été révélé en confession pour le gouvernement extérieur
des affaires dont il est chargé ; le secret le plus rigoureux lui est imposé. Son seul pouvoir est de lier ou de
délier la conscience de celui qui vient s'ouvrir à lui. Il
lui pardonne ses péchés. Il lui impose certaines obliga-
tions. Et cela, il le fait au nom de la seule autorité qui
puisse lier ou délier les consciences, au nom de Dieu.

Au for externe vient tout ce qui regarde le gouvernement de la société : ici, le délit est connu par le dehors et non par l'aveu du coupable ; on ne juge plus directement l'intention et la moralité de l'acte, mais l'acte lui-même. Sans doute l'acte est jugé bon ou mauvais suivant qu'il est ou non conforme à la loi ; mais la loi, au for externe, n'est pas tant considérée dans sa moralité intrinsèque, que dans l'utilité que la société en retire. La preuve, c'est que les péchés de pensée, bien qu'ils puissent être aussi graves, parfois même plus graves, moralement parlant, que certaines fautes matérielles, échappent entièrement à cette juridiction : *Ecclesia de internis non judicat*, dit un adage du droit. Sans doute encore, la loi oblige en conscience ; mais celui qui a violé la loi, ne contracte nullement l'obligation de se dévoiler à l'autorité publique ; il lui suffit de soumettre sa cause au tribunal de la conscience, au confesseur. Ces deux juridictions sont tellement séparées que, dans certains cas où la confusion serait à craindre, le même homme ne peut à la fois exercer l'une et l'autre.

De l'oubli de cette distinction capitale viennent, je crois, les difficultés inextricables que vous signalez dans votre sixième leçon à propos des enquêtes médico-légales. Il suffit pour résoudre ces difficultés de revenir aux notions claires et précises : la responsabilité sociale est la seule qui intéresse les tribunaux : « la responsabilité morale ne regarde que le délinquant » (p. 81).

C'est de cette dernière que s'occupe le moraliste ; son existence est mise en question par les différents systèmes philosophiques ; le spiritualisme traditionnel la fonde sur la liberté humaine ; c'est parce que l'homme peut agir ou n'agir pas, qu'il est responsable de ses actes, et il en est responsable vis-à-vis de Celui qui a le droit de lui imposer une loi. Vous supprimez la liberté et la loi, et vous prétendez conserver la responsabilité morale. Comment cela peut-il se faire ? Vous donnez de cette responsabilité morale une notion nouvelle, différente de la notion vulgaire qui avait cours jusqu'ici. C'est cette notion nouvelle que devons examiner.

« La responsabilité morale, dites-vous, nous force à nous courber devant l'idéal d'une loi morale, pour autant que nous pouvons le reconnaitre... — La morale existe, indépendante, libre de toute attache théologique... Qu'elle soit sentimentale ou rationnelle au début, cette morale devient peu à peu instinctive... elle est l'œuvre des penseurs de tous les temps qui ont eu l'intuition du Vrai, du Beau et du Bien, et ont cherché à fonder sur la raison le code moral qui doit nous servir de guide » (p. 60-61).

Je ne crois pas fausser votre pensée en disant qu'il est ici question d'une morale évolutive : c'est la substitution progressive des sentiments altruistes aux tendances égoïstes en vue de l'amélioration continuelle de l'humanité : cette morale est sociale avant tout, et se résume dans ce précepte : « Ne faites pas aux autres ce que vous ne voudriez pas qu'on vous fit » (p. 62).

Nous voilà bien près d'oublier la distinction que nous faisions tout à l'heure entre la responsabilité sociale et la responsabilité morale : un pas de plus, et le bien moral ne sera autre chose que l'intérêt général de la société opposé aux appétits de l'individu, érigé en loi, et peu à peu accepté par une sorte de routine ; ce sera la morale de l'intérêt, si elle a eu son point de départ dans la réflexion, ou la morale du sentiment si elle n'a fait que suivre un instinct aveugle, analogue à l'instinct de conservation.

Quelle est la valeur d'une pareille conception ? Je ne veux point refaire ici la critique des morales du sentiment et des morales de l'intérêt. Qu'il me suffise de renvoyer au manuel aujourd'hui classique de Marion, intitulé *Leçons de morale.* Cette critique des systèmes constitue la meilleure partie de l'ouvrage ; on y montre qu'il manque au sentiment, tout aussi bien qu'à l'intérêt, le caractère le plus essentiel de la loi morale : cette loi doit être absolue : elle propose un idéal qu'il faut rechercher, et que l'on n'a pas le droit de dédaigner. Ni le sentiment, ni l'intérêt ne s'imposent à nous avec ce caractère d'obligation. Le sentiment n'est bon ou mauvais que par sa conformité à la loi morale, bien loin de pouvoir par lui-même conférer aucune valeur morale à l'objet vers lequel il tend. Il ne porte pas en lui-même sa justification, mais se fait accepter, et concourt comme un moyen utile pour arriver au but. Et quant à l'intérêt, il s'oppose plus souvent qu'il ne contribue au bien moral. On a voulu accorder à l'intérêt général une valeur qu'on ne pouvait décemment reconnaître à l'intérêt particulier. L'intérêt particulier est condamné sous le nom d'égoïsme. On relève l'intérêt général sous le nom d'altruisme. On ne voit pas qu'on a changé le sens des termes, et que ce qu'il y a de moralement bon dans la doctrine de l'intérêt général, ce n'est pas l'intérêt : si rechercher son propre avantage est, pour l'individu, précisément le contraire du bien moral, comment comprendre que cette recherche soit, de la part de la société, c'est-à-dire de l'ensemble des individus, l'idéal de la vertu ? Une notion nouvelle s'est introduite, celle du sacrifice. On considère l'individu sacrifiant son intérêt particulier à l'intérêt des autres ; et c'est là ce qui fait le mérite de tout le système, s'il en a un. Ce n'est pas l'intérêt de ceux pour qui je me sacrifie, qui fait le mérite de mon sacrifice ; leur intérêt, en définitive, ne vaut pas plus que le mien ; c'est le sacrifice volontairement accepté et consommé qui donne du prix à mon acte. Il peut bien y avoir quelque chose de moralement bon dans « le sentiment de travailler d'une manière désintéressée au bien de l'humanité » (p. 65) ; mais cette valeur morale est tout entière dans la volonté, elle subsiste alors même que le succès ne répondrait pas à nos efforts.

Encore une fois, l'intérêt général peut bien servir à apprécier la responsabilité sociale ; mais pour la responsabilité morale, elle ne peut consister que dans une relation de la volonté avec une loi qui s'impose à elle. Cette loi essentiellement morale, votre système matérialiste est impuissant à nous la fournir. Un moment vous semblez la confondre avec la tendance de notre nature vers le bonheur : « L'homme n'a jamais eu et n'aura jamais qu'un but, dites-vous, la conquête du bonheur » (p. 66). Et vous ajoutez que « ce bonheur dépend moins des circonstances dans lesquelles nous vivons, que de notre état d'âme intime, c'est-à-dire de notre moralité » (ibid.).

Ce qui veut dire, si je comprends bien, qu'on ne doit point placer le bonheur dans la jouissance sensible, mais dans la manière de prendre la vie ; non dans l'exemption de toute peine, mais dans l'esprit avec lequel nous acceptons les peines. Avant vous Épicure avait dit que l'homme doit chercher le bonheur, mais que le vrai bonheur consiste dans la pratique de la vertu ; cela ne nous dit pas ce que c'est que la vertu. Nous sommes

pleinement d'accord avec vous quand vous nous dites :
« c'est donc au développement moral que doit tendre
l'humanité assoiffée de bonheur » (p. 67). Mais nous ne
voyons pas pour cela en quoi consiste le développement
moral, parce que nous ne voyons nulle part dans votre
théorie ce bien absolu, cette loi idéale qui doivent être
le but et la règle de toute morale : ce bien, cette loi
doivent être cherchés plus haut que dans l'intérêt matériel ou dans le sentiment.

Je ne parlerai que pour mémoire de la généreuse uto-
pie déjà bien démodée, encore qu'elle ne soit pas bien
vieille, qui place la loi morale dans un impératif caté-
gorique, dans une dictée que la conscience autonome
s'imposerait à elle-même. Vous seriez le premier à me
répondre que cette conception grandiose, Kant ne l'a
pas puisée dans sa raison pure, mais dans l'hérédité et
dans l'éducation piétiste qu'il avait reçue. Et si l'on ne
peut s'empêcher d'admirer son enthousiasme, on ne
peut se défendre non plus d'un sentiment de défiance,
quand on vient à éprouver la solidité de son édifice.
Qu'est-ce, en effet, que cette loi ? quelle en est la portée ? quelle en est l'obligation ? Vis-à-vis de qui cette
conscience sera-t-elle responsable ? Vis-à-vis d'elle-
même, sans doute ! Mais qui ne sait combien l'accoutu-
mance au mal émousse en nous le sentiment moral !
Quand la conscience délicate du philosophe se repro-
chera la plus légère imperfection, celui que ses passions auront emporté boira l'iniquité comme l'eau.
En distinguant une double responsabilité, la respensa-
bilité sociale et la responsabilité morale, vous n'avez
pas enlevé à cette dernière son caractère de responsabilité. Or, on n'est, on ne peut être responsable qu'envers
quelqu'un qui a des droits sur nous, envers qui nous

avons des devoirs à remplir. Dédoubler le même sujet pour lui conférer à la fois des droits et des devoirs est un artifice de pensée impraticable dans la réalité. La loi morale que nous cherchons, suppose donc un législateur étranger, supérieur à nous, et qui ait des droits vis-à-vis de nous, envers qui nous ayons des devoirs. Ce législateur, vous l'avez montré vous-même, ce ne sont pas nos pareils, ce n'est pas la société, puisque la société ne peut nous imposer que des lois sociales, en vertu de l'intérêt général. Ce législateur qui peut nous imposer des lois morales, quel est-il ? Votre philosophie matérialiste vous empêche de le découvrir.

Mais quand vous nous montreriez et le but à atteindre et la loi qui doit nous y conduire, vous nous mettez par votre déterminisme hors d'état, non seulement de parvenir au but, mais encore de faire le moindre pas pour y tendre, hors d'état d'accepter même la loi morale que vous nous proposeriez.

La loi morale, quelle qu'elle soit, doit être en effet acceptée librement sous peine de n'être plus la loi morale. Si l'on peut accorder à l'intérêt général ou même à l'intérêt particulier sagement entendu une certaine valeur morale, c'est parce que l'on enferme dans ces concepts l'idée d'un bien librement cherché : il est beau de se sacrifier pour le bonheur de l'humanité ; mais à condition que le sacrifice sera connu et accepté comme tel. L'intérêt bien entendu éveille dans l'esprit une idée de droiture, de justice, de bien, en un mot. C'est qu'il nous présente dans l'avenir un certain but à atteindre, et que pour atteindre ce but il faudra résister aux sollicitations des passions présentes. Ce n'est point ainsi que vous entendez les choses ; le sujet qui reçoit votre direction n'a pas la moindre

envie de se sacrifier ou de résister à ses passions. Si vous avez eu soin de l'instruire de vos principes généraux, il sait «qu'il n'est doué d'aucune vraie spontanéité, qu'il est radicalement incapable d'effort volontaire » (p. 64); « que la volonté tombe passivement dans l'ornière que lui creusent le sentiment ou la raison » (p. 57).

Ici, je dois éviter toute confusion et, faisant le procès de la théorie, je dois reconnaitre que, dans la pratique de la psychothérapie, vous respectez chez vos malades cette liberté à laquelle vous faites profession de ne pas croire: vous les traitez en hommes et vous faites appel à leur raison; vous repoussez la suggestion brutale, celle qui commence par endormir son sujet: « la psychothérapie rationnelle n'a pas besoin de cette narcose préparatoire de l'hypnose » (p. 260). J'approuve entièrement votre pratique; mais c'est la théorie que je critique. Or, dans la théorie, vous effacez scrupuleusement toute différence entre les sens et la raison, entre la suggestion et la logique. On pourrait croire, à lire certains passages, que l'éducateur, pour corriger les tendances vicieuses, pour éveiller les sentiments moraux, pour exercer la raison afin qu'elle apprenne à distinguer du premier coup d'œil les motifs qui déterminent la conduite (p. 68), doive faire appel à la spontanéité, à la liberté de l'être moral. Il n'en est rien: la spontanéité, la liberté n'existent pas. Il en est de l'homme comme d'une plante (*ibid*.). Tout l'art du moraliste consiste à diriger sa croissance ou à redresser les rameaux déviés: c'est une « orthopédie morale» (p. 69) que nous exerçons sur nos semblables: les parents, le maitre d'école, plus tard le médecin, le magistrat ont à faire une culture savante, à pratiquer un dressage habile, en s'appuyant sur les lois absolues, fatales, qui régissent la nature humaine. La conduite de l'homme est, en effet, déterminée nécessairement, entièrement, par les représentations de l'intelligence ou par les tendances obscures de la sensibilité ; et à leur tour, ces tendances et ces représentations sont réglées par l'état des cellules nerveuses. Introduire, par voie de suggestion ou de persuasion, une idée nouvelle, c'est tout simplement modifier ce que l'on appelle l'état psychique, ce qui n'est pour vous, en définitive, qu'un état physiologique, un état des cellules nerveuses. L'influence soi-disant morale est un moyen d'action au même titre qu'une dose de bromure ou la diète lactée. Mais que devient dans tout cela la valeur morale de la psychothérapie? Que devient la responsabilité morale? Quel mérite y a-t-il à se laisser diriger vers le bien lorsqu'on ne peut en aucune façon résister à l'impulsion reçue ? En l'absence de liberté, il n'y a pas plus de mérite à faire le bien, qu'il n'y a de faute à faire le mal. Si « tous sont les esclaves de leurs mobiles » (p. 89), tous échappent également à la loi morale. Vous dites: « l'idée du déterminisme ne devient répugnante que lorsque nous admettons que cette réaction ne peut avoir lieu que sous l'influence des mobiles mauvais de la sensibilité, dans le sens du mal. Aussitôt que vous reconnaissez qu'un sentiment du devoir, une aspiration idéale peut déterminer la réaction, je ne vois plus ce qui nous empêche de renoncer à l'idée du libre arbitre » (*ibid.*).

Ce qui nous empêche de renoncer à l'idée du libre arbitre, c'est que votre réaction nécessaire, lors même qu'elle tend au bien et qu'elle est inspirée par l'idée du devoir, par le fait même qu'elle est nécessaire, perd son caractère et sa valeur morale.

Pour demeurer dans le cadre de cette étude et nous tenir à l'ordre purement naturel, disons, en terminant, que la morale a pour fondement une observation psychologique. La conscience montre dans le cœur de tout homme un sentiment plus ou moins développé, mais qui ne disparait jamais complètement, le sentiment de l'honnête ou du devoir. Chacun se sent obligé à faire certaines choses qu'il nomme bonnes, et à éviter certaines autres qu'il appelle mauvaises. Mais cette obligation même ne se comprend et ne peut exister que si le sujet peut faire le bien et éviter le mal, ou, au contraire, aller contre la dictée de sa conscience : s'il pouvait croire que sa nature le porte nécessairement, invinciblement à. tel ou tel acte, il cesserait de se regarder comme moralement responsable de cet acte. Vous regardez, il est vrai, cette conception comme un pur préjugé qui ne tient pas devant la science. J'examinerai dans ma prochaine lettre ce que valent les raisons de la psychologie ou plutôt de la physiologie moderne contre la notion de liberté. Qu'il me suffise de remarquer pour le moment que cette notion est étroitement liée dans la conscience à la notion de moralité, et que l'une et l'autre sont profondément enracinées dans le cœur humain ; l'histoire de la philosophie le proclame comme le bon sens ; et un penseur aussi indépendant que Kant a pu prendre cette double notion comme pierre angulaire de son système philosophique. Loin donc de blâmer les philosophes qui, comme M. Naville et Mᵍʳ d'Hulst, repoussent le déterminisme à cause de ses conséquences morales, nous ne saurions trop les louer d'apporter tant de réserve dans leurs affirmations,

et, après avoir vu la difficulté, d'avoir conservé ce qui
était acquis de part et d'autre: d'un côté le déterminisme physique régissant le monde de la matière, de
l'autre la liberté morale, reine de l'ordre moral. A leur
suite, nous chercherons dans l'étude psychologique de
l'homme et, au besoin, dans la métaphysique la solution de l'apparente antinomie.

DEUXIÈME LETTRE

La liberté devant les sciences biologiques.

MONSIEUR LE PROFESSEUR,

Tous les efforts tentés pour édifier une morale en dehors des concepts de liberté et de loi absolue n'ont abouti qu'à des constructions artificielles dans lesquelles l'intérêt ou le sentiment jouent, tant bien que mal, le rôle d'idéal suprême, à des pseudo-morales ne répondant nullement à la notion ordinaire. Vous en convenez vous-même. Après avoir cité un passage de M. Ernest Naville, où est proclamée cette solidarité de la vraie morale avec le libre arbitre, vous avouez : « Les mots prennent toujours une autre signification quand on se livre à une analyse philosophique, quand on procède par induction scientifique » (p. 49).

Pour nous, nous ne pouvons nous décider à abandonner, de gaîté de cœur, la morale dont nous avons vécu jusqu'ici. Soit préjugé, soit raison, soit même instinct de conservation, nous demandons à contrôler sérieusement, à refaire au besoin, cette analyse philosophique, cette induction scientifique.

Les arguments contre la liberté, que vous résumez dans une citation de M. le professeur Flournoy (p. 45), se ramènent en effet à ces deux chefs : un principe philosophique : l'axiome du déterminisme qu'on nous donne comme résumant en lui seul l'esprit de toute science ; et un fait d'observation : la concomitance, le parallélisme constant des phénomènes psychiques et du travail cérébral.

A tout seigneur, tout honneur. Commençons par le principe philosophique. L'axiome du déterminisme, bien mis en lumière par Leibniz, n'est autre chose que l'application à l'ordre des réalités objectives de la loi suprême de notre intelligence, de la loi de non-contradiction. Il prononce que tout ce qui existe doit avoir sa raison d'être ; la raison d'être est à la fois principe d'existence et principe d'intelligibilité. Une chose existant sans raison serait impossible dans la réalité, comme elle serait absurde et contradictoire pour notre intelligence. La raison d'être explique le fait en même temps qu'elle le produit ; elle le détermine nécessairement, complètement ; on ne peut trouver dans les faits rien de nouveau, rien qui ne soit déjà dans le principe, dans la cause. Par conséquent, pas de commencement absolu ; pas, non plus, d'annihilation pure et simple. Appliqué dans le domaine psychologique, cet axiome amène le grand philosophe à rejeter le libre arbitre, car, pour lui, un acte libre serait un commencement absolu.

Je réserverai pour plus tard cette question du déterminisme psychologique. Sa solution repose tout entière sur la vraie notion de la liberté ; c'est un problème métaphysique. L'objection que vous soulevez est plutôt physiologique, le déterminisme que vous nous présentez a une portée moins haute : on pourrait, sans inconvénient, l'appeler déterminisme physique et vous l'énoncez vous-même comme « la loi de la conservation de l'énergie » (p 34). Ce n'est plus un principe de raison, absolu et nécessaire ; c'est un fait d'expérience, observé et généralisé ; et sa généralisation repose sur le postulat matérialiste ou moniste. On ne se contente plus, en effet, d'affirmer que tout fait doit avoir sa raison d'être ; on ajoute que cette raison d'être ne peut se trouver que dans la matière, car, hors de la matière, rien n'existe. Dans l'ordre psychologique comme dans l'ordre physiq :, un fait quelconque est conditionné, déterminé entièrement et uniquement par les faits matériels qui l'ont précédé. C'est l'exclusion *a priori* de toute activité qui ne serait pas exercée par la matière, et selon les lois de la matière. Légitime dans l'hypothèse moniste, où l'on admet que rien n'existe en dehors de la matière, cette exclusion n'a pas d'autre valeur que l'hypothèse elle-même. Encore une question métaphysique ; nous l'étudierons plus tard. Il nous faut examiner, pour le moment, les faits qui nous permettent d'appliquer en psychologie cette prétendue loi du monde physique.

Vous convenez aisément que la loi de la conservation de l'énergie n'a que la valeur d'une induction, et que toute induction reste toujours contestable quand elle s'aventure au delà des constatations pures et simples (p. 34-35). — Formulée pour expliquer certains phénomènes physiques, elle n'a pas même été vérifiée d'une manière absolue dans tous les domaines de la physique (p. 34). — A plus forte raison faudrait-il nous garder de l'étendre au domaine des autres sciences, de la psychologie en particulier, si nous n'avions une raison spéciale de faire cette application.

Le fait d'observation qui vous autorise à étendre votre induction au domaine psychologique, c'est le « parallélisme constant entre les phénomènes psychiques et le travail dont le cerveau est le siège » (p. 29).

— Rejetant l'hypothèse de l'harmonie préétablie qui fait dépendre ces deux phénomènes d'une cause commune, ainsi que le spiritualisme idéaliste qui explique le fait matériel par l'activité de l'esprit, vous cherchez dans les modifications de la cellule nerveuse la cause du phénomène de conscience. D'autres iront plus loin, et, avec M. Ribot, identifieront le fait de conscience, sensation, plaisir, tendance, désir ou volonté, avec le fonctionnement même de l'appareil neuro-musculaire. Pour vous, vous reconnaissez qu'il y a, « entre les faits de conscience et l'état physique du cerveau, un abîme qui nous paraît infranchissable » (p. 32). Mais vous admettez cependant « qu'à chaque état d'âme correspond un état particulier de certains groupes de cellules de l'organe pensant » (p. 34). La fatigue qui succède au travail de l'intelligence, la gêne et la lenteur qu'apporte à ce travail toute lésion du cerveau, toute entrave à la circulation intracranienne, sont pour vous des preuves suffisantes que le fait psychologique, la pensée, n'est que le résultat du fait physique ou physiologique ; et vous croyez pouvoir prédire qu'on arrivera quelque jour à démontrer dans ce domaine la loi de conservation de l'énergie.

On peut convenir, en effet, que tout semble indiquer entre les modifications du cerveau et les états de conscience, une dépendance réciproque. Mais jusqu'où va la connexion? Le travail intellectuel est un tout complexe : il s'exerce toujours, ou à peu près, sur des données sensibles, et produit certains actes que nous appelons jugement, pensée, raisonnement, dont nous avons à tenir compte. La donnée sensible, à son tour, est fournie par les impressions du monde extérieur sur nos organes de sensibilité spéciale ou générale : l'impression est transmise de proche en proche, de cellule en cellule, et va s'achever en une tendance motrice, en un commencement de contraction musculaire, qui se manifeste par une exagération du tonus. Même lorsque l'image, au lieu de venir directement du dehors, est rappelée par le jeu de l'association, ce même travail intime se produit et aboutit au même résultat. Il y a là toute une série d'actes physiologiques, qui n'intéressent pas directement la conscience, et qui expliquent suffisamment l'usure, la fatigue de l'organe, centres nerveux et conducteurs, ainsi que les déchets organiques et le besoin de réparation alimentaire. A-t-on jamais vérifié si les mêmes modifications, les mêmes excitations suivies des mêmes réactions motrices entraînent moins d'usure de l'organe, lorsqu'elles ne donnent pas lieu au fait de conscience ? Il le faudrait, pourtant, pour assurer que le fait de conscience est fonction du travail cérébral.

Mais admettons la chose pour les opérations élémentaires (bien que je ne voie pas plus que vous comment se fait la transformation); s'ensuit-il que les opérations supérieures de l'intelligence sont aussi subordonnées aux modifications de nos tissus? Quelle espèce de vibration nerveuse produit un raisonnement inductif ou un syllogisme ? Quelle lésion des cellules nerveuses nous conduit à raisonner faux? Il suffit, pour expliquer le parallélisme, que ces opérations intellectuelles s'exercent sur les données de la sensibilité et que celles-ci aient besoin, pour se produire, de la modification des centres nerveux. Peut-on dire, pour cela, qu'elles en sont le résultat ? Les données sensibles sont, pour employer un terme emprunté par Kant au vocabulaire scolastique, la matière sur laquelle doit opérer l'intelligence ; celle-ci ne travaille pas à vide : il lui faut des images sensibles pour servir de support à ses idées générales ; et, pour fournir les images, il faut le travail concomitant du cerveau et des organes des sens.

Nous pouvons donc, avec M⁰ d'Hulst et les spiritualistes chrétiens, constater le parallélisme entre les modifications du cerveau et les faits de conscience, admettre que l'âme dépend des organes non seulement dans toutes les opérations qui ont leur point de départ au dehors, mais encore dans ses opérations intellectuelles ; que le cerveau travaille dans le crâne du penseur ; que plus l'âme pense, plus le cerveau brûle de sa propre substance ; sans conclure que ces opérations intellectuelles sont une transformation pure et simple du mouvement physique.

Mais d'où vient cette dépendance réciproque entre l'âme qui pense et le cerveau ? Ne serait-ce pas que le premier principe de la pensée est le même agent qui donne au cerveau ce qui le caractérise, la vie ? Le cerveau qui travaille en même temps que la conscience connaît, n'est pas une matière brute, inorganique ; il est vivant, organisé ; et c'est en vertu de sa vie, de son organisation, qu'il devient l'instrument de la pensée. Or, en quoi consiste cette organisation ? Quelle est cette force qu'on appelle la vie, qui se transmet par l'hérédité et impose à la matière une structure que la matière ne peut prendre d'elle-même ? La vie, sans doute, pour organiser la matière, ne la soustrait point à l'empire des lois physico-chimiques ; mais elle a ses lois propres, supérieures aux lois de la matière ; les lois physico-chimiques semblent se plier pour ainsi dire aux lois vitales, tant que dure la vie ; sitôt que la vie cesse, elles reprennent leur indépendance et détruisent l'harmonie que la vie avait établie. Encore un coup, d'où vient cette force ? Claude Bernard y voyait une idée directrice de l'évolution vitale. Les spiritualistes la placent dans un principe supérieur à la matière et qu'ils appellent l'âme. Quelle qu'elle soit, il est illogique de n'en pas tenir compte lorsqu'on étudie les opérations intellectuelles. Ces opérations intellectuelles — connaissances et volitions — nous apparaissent comme liées aux modifications du cerveau. Mais le cerveau fait partie de l'organisme vivant. Il serait bien étrange que le principe qui maintient unis, après avoir présidé à leur groupement, les atomes dans la molécule organique, les molécules organiques dans la cellule vivante, les cellules vivantes dans l'organisme, et qui est vraisemblablement principe de pensée tout aussi bien que principe de vie ; il serait bien étrange, dis-je, que ce principe, quel qu'il soit, fût indifférent aux modifications de l'organisme, et qu'il ne produisit pas lui-même certaines modifications dans cet organisme. Du fait de la concomitance, on ne peut donc pas conclure que le principe vivant subisse passivement l'action du monde physique.

Mais que dirait-on si l'organisation même de la substance vivante n'était qu'une disposition ingénieuse destinée à diviser l'effort des influences extérieures, à les opposer les unes aux autres, à créer une sorte d'indétermination, favorable à l'intervention de cette mystérieuse puissance qu'on appelle la volonté ? Il est une observation qui s'impose à l'esprit quand il passe de l'étude des sciences physiques à celle de la biologie. C'est qu'à mesure que l'objet gagne en complexité, les réactions deviennent plus délicates ; des modifications plus légères dans le milieu où se produisent ces réac-

tions suffisent à les faire dévier : quelques degrés de
température en plus ou en moins ne troublent pas une
réaction chimique ; ils arrêtent complètement la pro-
duction des toxines dans une culture microbienne.
Même remarque lorsqu'on passe des espèces inférieures
à celles qui jouissent d'une organisation plus parfaite :
les réactions deviennent plus sensibles aux variations
accidentelles, et bientôt, sans cesser d'obéir aux lois
physiques et chimiques, nous les voyons subir l'influence et comme le contrôle du système nerveux ; un
intermédiaire est posé entre l'élément cellulaire qui
reçoit l'impression et celui qui réagit ; l'excitation portée
sur l'épiderme va retentir sur un autre point de l'organisme ; en même temps, cette excitation est pour ainsi
dire divisée, disséminée ; ce n'est plus une seule réaction, toujours la même, qui répondra à l'appel de
l'impression ; mais une foule de réactions vaso-motri-
ces, sécrétoires et surtout motrices ; et, suivant les
circonstances, telle de ces réactions l'emportera sur
les autres ; elles pourront se remplacer, se suppléer ; la
grenouille décapitée qui a reçu une goutte d'acide sul-
furique sur la cuisse droite, pliera la jambe droite pour
essuyer l'acide ; mais, si l'on retranche la jambe droite,
ce sera la gauche qui entrera en mouvement. Nous ne
sortons pas encore du déterminisme physique, en ce
sens que la réaction, réflexe ou acte instinctif, trouve
sa raison d'être totale dans l'impression venue du
dehors et dans la disposition des organes sur lesquels
l'impression a porté : mais dans ce déterminisme entre
déjà, si l'on peut s'exprimer ainsi, une grande part
d'indétermination, de contingence. Un changement de
médiocre importance dans la disposition des organes,
et le sens de la réaction va se trouver bouleversé. Telle

la machine à vapeur qui transforme en force de traction l'énergie développée par la combustion de la houille: elle ne crée pas la force; elle ne fait que la transformer conformément aux lois de la thermo-dynamique; mais il suffit d'un robinet ouvert ou fermé par le mécanicien pour arrêter la machine ou la mettre en mouvement, pour la porter en avant ou en arrière.

Mais voici un fait entièrement nouveau, qui vient étrangement compliquer la situation s'il ne sert pas à l'éclairer: la conscience. « Aussitôt que l'expérience ou l'observation psychologique a pour objet l'animal supérieur ou l'homme, il y a intercalation des faits de conscience dans l'arc réflexe » (p. 93). N'est-elle qu'un reflet de ce qui se passe dans l'organisme, une trace phosphorescente des vibrations du cerveau ? J'avoue que ces comparaisons ne me renseignent que très imparfaitement sur la nature du phénomène; mais, quel qu'il soit, son apparition me paraît d'importance à arrêter notre réflexion. Nous avons admis qu'il existe une relation constante entre les modifications physiologiques de la cellule nerveuse et les manifestations de la pensée, au moins pour les opérations élémentaires. Allons jusqu'au bout des concessions : non seulement les sensations proprement dites sont toujours déterminées par les impressions que r.çoit l'organe sensible, mais encore le plaisir est produit par l'activité normale, harmonieuse, d'un organe ; la douleur accompagne nécessairement l'excès ou le défaut d'activité; le désir exprime une réaction commencée ou en voie de s'accomplir. Encore est-il permis de se demander pourquoi l'ébranlement nerveux se traduit en fait de conscience, pourquoi l'activité utile de l'organe cause du plaisir et pourquoi tel mouvement

déjà commencé apparait comme un désir conscient,
puisque aussi bien, sans la conscience, la réaction se
produirait et se poursuivrait normalement.

M. Bergson, dans son *Essai sur les données immédia-
tes de la conscience* (1), se pose les mêmes questions et
leur fait une réponse qui me paraît très justifiée : « On
pourrait se demander, dit-il, si le plaisir et la douleur,
au lieu d'exprimer seulement ce qui vient de se passer
ou ce qui se passe dans l'organisme, comme on le croit
d'ordinaire, n'indiqueraient pas aussi ce qui va s'y
produire, ce qui tend à s'y passer. Il semble en effet
assez peu vraisemblable que la nature, si profondément
utilitaire, ait assigné ici à la conscience la tâche toute
scientifique de nous renseigner sur le passé ou le présent
qui ne dépendent plus de nous. Il faut remarquer en
outre que l'on s'élève par degrés insensibles des mouvements automatiques aux mouvements libres, et que
ces derniers diffèrent surtout des précédents en ce qu'ils
nous présentent, entre l'action extérieure qui en est
l'occasion et la réaction voulue qui s'ensuit, une sensation affective intercalaire. On pourrait même concevoir
que toutes nos actions fussent automatiques, et l'on
connaît d'ailleurs une infinie variété d'êtres organisés
chez qui une excitation extérieure engendre une réaction déterminée, sans passer par l'intermédiaire de la
conscience. Si le plaisir et la douleur se produisent
chez quelques privilégiés, c'est vraisemblablement
pour autoriser de leur part une résistance à la réaction
automatique qui se produirait ; ou la sensation n'a pas
de raison d'être, ou c'est un commencement de liberté. »

(1) Paris, 1901, p. 25.

La conscience serait donc donnée à l'animal pour échapper à la pression du déterminisme physique : déjà la complexité de structure du système nerveux avait rendu possibles plusieurs réponses à la même demande, plusieurs réactions à la même excitation. L'être vivant, par le fait même qu'il connait, est à même de faire telle ou telle réponse, de réagir de telle ou telle manière ; il peut arrêter le réflexe commencé, ou, au contraire, le renforcer en fermant toutes les autres voies, et en reportant de ce côté toute l'énergie disponible. Il n'a pas créé la force, pas plus que la matière ; il a seulement dirigé et réglé l'emploi de la force que lui fournissaient les combinaisons de la matière, les combustions intraorganiques.

Il semble donc que le déterminisme physique vienne expirer là où la conscience commence. Mais les psychologues modernes ont cru retrouver le déterminisme dans la conscience elle-même. A force d'analyser l'acte libre, ils ont vu la liberté s'évanouir. On croyait autrefois trouver dans l'examen des actes intimes de la conscience une preuve en faveur du libre arbitre : avant d'agir, disait-on, l'homme délibère ; donc il a la faculté d'accomplir l'acte proposé ou de ne pas l'accomplir ; pendant l'action, il conserve la maitrise de lui-même, et sait fort bien qu'il peut à chaque instant interrompre ce qu'il a commencé ; enfin, après l'action, la satisfaction ou le remords lui disent qu'il a bien ou mal agi, nouvelle preuve qu'il était libre. Tel est le raisonnement classique ; il est inutile de le développer davantage. Il repose sur la légitimité du témoignage de la conscience. Or, c'est précisément la légitimité de ce témoignage qui est mise en question aujourd'hui par les déterministes de toutes nuances, associationnistes, évolutionnistes et psycho-physiciens. Leurs attaques partent plus ou moins directement du principe même du déterminisme physique dont nous avons déjà repoussé l'application dans le domaine psychologique Mais elles s'appuient en outre sur un vice de méthode qu'il est urgent de dévoiler ici.

« Savez-vous, dit Mgr d'Hulst, pourquoi l'analyse à outrance conduit à nier la liberté ? parce qu'elle la tue. Je m'explique. L'analyse décompose un acte vital en ses éléments abstraits ; c'est son droit ; mais elle le dépasse quand elle affirme qu'il n'y a dans cet acte vital que les éléments qui le composent ; il y a en plus la vie (1). »

Tout le livre de M. Bergson que j'ai cité plus haut semble n'être que le développement ingénieux de cette pensée du savant prélat. Le distingué professeur du Collège de France fait voir dans une série de pénétrantes analyses que, pour étudier nos états de conscience, nous sommes en quelque sorte obligés de les projeter au dehors de nous, dans un espace immobile et fictif, où se figent toute activité et toute vie. Pour me servir de ses expressions, ce qui est en nous durée hétérogène est représenté comme étendue homogène ; ce qui est succession de phénomènes en voie de s'accomplir est traduit sous la forme d'images juxtaposées que nous embrassons d'un seul coup d'œil. Rien d'étonnant que nous ne retrouvions pas, dans cette froide projection de nous-mêmes sur un plan artificiel, ce qui est l'essence même de notre vie morale, la liberté, la spontanéité. Il se produit un peu la même chose que dans ce monde d'analyse anatomique où l'on procède par coupes

(1) *Conférences de Notre-Dame.* — Carême 1891, 3e conférence : *La Morale et la Liberté*, 2e partie, p. 114.

microscopiques : l'histologiste commence par fixer les tissus avant de les traiter comme il convient pour observer la forme des éléments qui les constituent ; de même nos modernes psychologues éprouvent le besoin de fixer les états d'âme pour les analyser à loisir. Mais la fixation, c'est la mort. De même qu'il faut un effort d'imagination pour reconstruire la cellule qu'on a vue en coupe, la replacer dans son milieu et en faire la physiologie, de même, après avoir étudié le phénomène psychologique par le dehors, par ses manifestations extérieures, seules susceptibles d'être décomposées et mesurées avec précision, il faudrait, par un effort de volonté, se replacer au point de vue de la conscience, le seul légitime en l'espèce, et revivre, pour ainsi dire, pour son propre compte les émotions et les sentiments dont on a disséqué les divers éléments, afin de leur restituer l'unité de l'acte vital. C'est ce qui manque aux psycho-physiciens : pour eux, les expériences physiologiques ne sont pas seulement d'utiles auxiliaires de l'observation par la conscience ; elles sont destinées à la remplacer. On croit avoir fait progresser la psychologie quand, pour étudier une sensation, on a mesuré l'excitation capable de la produire. On a fait de la physiologie ; on n'a pas même effleuré le problème psychologique. C'est comme si on observait les astres avec un microscope, ou si l'on prenait un télescope pour examiner une préparation bactériologique. Il est bien certain qu'un pareil procédé d'exploration ne peut conduire à découvrir l'acte libre.

Nous touchons ici du doigt le vice originel de la psycho-physique : elle confond le fait de conscience avec les réactions extérieures qui le manifestent au dehors, et elle affirme *a priori* l'identité de ces deux objets. Mais dans l'expérience de laboratoire ou de clinique, la sensation, le fait de conscience n'est pas saisi directement et en lui-même ; il ne l'est qu'indirectement, par l'intermédiaire de l'excitation. Tout ce qui peut se passer dans la conscience à côté et en dehors de cette excitation, reste nécessairement dans l'ombre. Quand on affirme ensuite avec toute confiance que « les réactions *psychiques* sont toujours, et non seulement le plus ordinairement déterminées par des excitations venues du dehors sous une forme quelconque » (p. 31), on ne fait que répéter le principe que l'on avait d'abord posé, sans lequel les expériences n'auraient eu aucune signification, et auquel ces expériences n'ont pas apporté l'ombre d'une preuve. Cette pétition de principe est le résultat le plus clair de la confusion entre deux sciences qui, pour avoir un même objet, l'homme, n'en ont pas moins chacune une méthode particulière et un point de vue qui lui est propre. Nous ne saurions admettre que « la psychologie n'est qu'un simple chapitre de la physiologie » (p. 91). Ce serait renoncer à toute distinction et à toute classification légitime parmi les sciences. Ce qui caractérise une science, c'est sa méthode. Or, la physiologie étudie l'homme par l'extérieur, avec tout l'appareil de l'expérimentation ; la psychologie, par le dedans, par la conscience. La première se flatte d'apporter plus de précision dans ses recherches, plus d'impartialité ; mais elle ne va pas au delà de l'acte matériel. La seconde n'a, il est vrai, à sa disposition que l'observation interne, la réflexion, qui même modifie le sujet pensant ; mais ce sujet se perçoit directement, dans ce qu'il a de plus intime, dans sa pensée même. Ce sont deux domaines nettement distincts, et par suite deux

procédés irréductibles, deux sciences indépendantes.
Il serait aussi injuste de rejeter les observations de la
psychologie au nom de la science expérimentale, que
de nier le résultat de l'expérience au nom de la psychologie (1). Dans le domaine des faits de conscience,
la conscience seule peut pénétrer; si elle nous affirme la
liberté, de quel droit récuser son témoignage ? —
Parce que nous ne voyons pas au dehors les effets de
l'acte libre dont on nous parle ? — Mais l'expérience
par laquelle on s'efforce de mesurer ces effets repose
tout entière sur un postulat arbitraire, sur l'affirmation
a priori de ce que l'on prétend démontrer, à savoir
l'absence de toute spontanéité dans les actes psychiques. Supprimez ce postulat, et toute la psycho-physique croule par la base.

L'étude de l'organisme vivant nous a montré l'indétermination croissant avec la complexité de structure

---

(1) Nous ne résistons pas au plaisir de citer ici une page de
Mgr d'Hulst : « Pourquoi l'étude du sujet pensant est-elle sous-
traite aux sciences proprement dites pour être réservée à la philosophie ? Cela tient au procédé particulier qu'exige cette étude.
Sans doute, puisqu'il s'agit d'une réalité, le moyen de la connaître,
c'est de l'observer ; mais on ne peut pas observer le moi comme
on observe un objet extérieur. C'est le moi qui s'observe lui-même
en réfléchissant sur son action à mesure qu'il agit, en approfondis-
sant la conscience qu'il a de lui-même. De là la nécessité d'analyser à chaque instant les opérations de l'intelligence en même
temps qu'elles se produisent C'est un état d'esprit tout particulier
qui n'est pas l'état ordinaire du savant et du chercheur. Dans les
autres sciences, plus l'homme s'absorbe en sa recherche, plus il
s'oublie ; ici, il ne peut rien découvrir qu'en redoublant d'attention
sur lui-même. L'instrument de la recherche psychologique, c'est
la réflexion portée à sa plus haute puissance » (Mgr d'Hulst,
Mélanges philosophiques). — Cf Grasset, *Les limites de la biologie.*

et préparant la liberté ; l'induction philosophique
nous a permis de considérer cette liberté comme
probable, sinon certaine ; la critique des théories
des psycho-physiciens ne laisse à leurs arguments
aucune valeur contre notre thèse. L'affirmation de la
conscience qui se dit libre, bien loin d'être contredite
par la science, nous apparait au contraire fortifiée et
confirmée par des raisons sérieuses. Il nous reste un
dernier pas à faire : pénétrons dans la conscience elle-
même, non plus en physiciens mais en psychologues,
et examinons de plus près la valeur de ses affirmations.
Vous triomphez. Vous avez surpris la conscience en
flagrant délit de mensonge. Vous nous apportez plusieurs cas probants : c'est le jeune homme si bien doué
pour tout le reste, mais qui cède trop facilement à la
fatale instabilité de son esprit ; c'est la grande dame
qui ne sait pas réprimer ses impulsions ; c'est l'alcoolique obéissant à son besoin maladif, et affirmant dans
le même instant qu'il est libre de boire ou de ne pas
boire (p. 52). Mais cette affirmation est-elle bien
sincère ? N'y a-t-il pas plus de vérité dans ce cri d'un
autre de ces malades qui, pour s'excuser sans doute,
vous répond : C'est plus fort que moi ? Je crois bien
que l'alcoolique lui-même, si vous le pressez un peu et
s'il veut bien s'observer, devra faire le même aveu. Au
lieu de chercher les cas où la liberté ne s'exerce pas,
entravée qu'elle est par un fonctionnement imparfait
de l'organisme, allons la chercher là où elle se trouve,
c'est-à-dire dans la conscience arrivée à sa pleine
maturité par la réflexion, par la raison.

Mais ici, j'éprouve comme un embarras à soutenir
contre vous une thèse, dont votre livre tout entier, à
part les trois leçons consacrées à la théorie déterministe,

est la plus éloquente démonstration. Que faites-vous,
en effet, lorsque pour guérir les phobies d'un neuras-
thénique ou les impulsions d'un hypocondriaque,
vous faites appel à sa raison ? — De la suggestion ? —
Vous vous en défendez et à juste titre. La suggestion
ne ferait qu'ébranler davantage cette personnalité déjà
affaiblie. Vous lui montrez ce qu'il y a d'illogique et
de faux dans la suite des idées qui l'ont conduit à cet
état mental ; vous lui apprenez à raisonner juste, à
voir clair dans sa conscience, et vous convenez que le
succès est d'autant plus certain qu'il reste dans cet
esprit plus de logique. Nous ne demandons pas autre
chose pour fonder la liberté. Il est bien certain que la
liberté, c'est-à-dire le consentement conscient, est
sollicitée par tout ce qu'on appelle mobiles sensibles ;
mais l'intelligence qui raisonne est au-dessus de ces
sollicitations, et les juge avant d'y céder. Toutes les
impressions du monde extérieur sur les organes des
sens, toutes les modifications, si vagues soient-elles,
de ce qu'on a appelé la cœnesthésie, sont le point de
départ de réflexes moteurs. Traduits dans la conscience
sous forme de désirs ou de tendances plus ou moins
confuses, ces réflexes, ces réactions commencées,
entraînent le moi conscient, s'il se laisse aller passivement. Mais la conscience se contente-t-elle de ce rôle
de témoin résigné ? Souvent, c'est possible ; mais non
toujours. Il arrive bien quelquefois que l'homme fait
œuvre de réflexion, œuvre d'homme. Par la réflexion,
l'intelligence s'élève de la connaissance des effets à
celle de leurs causes, des apparences aux réalités, des
faits particuliers aux lois générales ; elle compare,
classe, juge, apprécie. Les tendan , plus ou moins
obscures, les forces plus ou moins brutales qui tout à

l'heure se disputaient le champ de la conscience, et sollicitaient le moi, comme des enfants mal élevés, pardonnez-moi la comparaison, qui s'attachent aux jupes de leur mère pour la tirer chacun de son côté, ces tendances et ces forces, sont, par la réflexion, connues, analysées, ramenées chacune à sa véritable valeur, disciplinées et hiérarchisées, si je puis dire. L'intelligence, en possession de ses principes directeurs, forme sur chacune d'elles son jugement ; la comparaison est alors possible, et la conclusion de la discussion, ce que saint Thomas appelle le dernier jugement pratique, manifeste ce qui doit être fait, ce que la volonté doit exécuter. Ici, ne nous représentons pas l'intelligence et la volonté comme deux personnages distincts, s'agitant chacun dans sa sphère. Cette distinction est bonne, nécessaire même pour l'étude ; mais il ne faut pas oublier que l'intelligence et la volonté appartiennent au même sujet, au même moi qui réfléchit et qui veut. Sachant ce qu'il veut, et pourquoi il le veut, l'homme échappe à la sollicitation des mobiles fournis par la sensibilité : ce n'est pas que ces mobiles soient supprimés ou détruits ; mais les motifs rationnels prennent le dessus, et l'on dit que l'homme est libre à proportion qu'il sait mieux résister à l'appétit sensuel, qu'il sait mieux gouverner sa conduite selon les règles de la raison. Ce qui fait la liberté fait aussi la responsabilité (j'entends la responsabilité morale) : l'homme est responsable des actes qu'il a voulus en connaissance de cause ; l'ignorance et l'erreur, si elles sont absolues, invincibles, excusent de toute culpabilité.

Le langage est ici le fidèle témoin de ce qui se passe au plus intime de la conscience. L'homme qui réfléchit,

qui juge et décide après mûr examen, sait fort bien qu'un
devoir, une obligation morale s'impose à lui ; mais il
sait aussi que ce devoir, cette obligation, n'est pas une
force physique qui l'entraine malgré lui. C'est librement qu'il l'accepte, qu'il s'incline devant la loi. Si,
devant une suggestion mauvaise, il s'écrie : « Je ne
peux pas faire cela », et non « Je ne veux pas », son cri,
loin d'être « une naïve intuition du déterminisme moral »
(p. 54), est au contraire la plus haute affirmation de
la liberté. Le *Non possumus non loqui* des Apôtres
devant le Sanhédrin n'est pas un aveu d'impuissance ;
c'est la proclamation héroïque de la volonté la plus éner-
gique. Je ne peux pas ; c'est-à-dire : la loi morale me
le défend, et non pas : une puissance matérielle m'en
empêche. Je ne peux pas ; c'est le défi porté à toute puissance étrangère de faire fléchir ma volonté et de lui faire
accomplir le mal. Cette interprétation s'impose à l'esprit avec une telle évidence qu'on regrette de trouver
dans un ouvrage sérieux une interprétation contraire,
et de voir cette expression si claire apportée comme
preuve du déterminisme psychologique. On ne peut
l'expliquer que par la confusion entre motif et mobile :
le premier, intellectuel, rationnel ; le second, sensible,
matériel.

La distinction, cependant, ne vous a pas échappé.
Elle dirige toute votre psychothérapie. Votre éducation
de la raison n'a et ne peut avoir d'autre but que de
conduire vos malades à faire usage de leur intelligence
pour modérer, discipliner une sensibilité désordonnée.
Dans votre onzième leçon, après avoir décrit les réactions de la cellule nerveuse aux excitations venues des
organes des sens, et aux impressions plus vagues,
moins différenciées, parties de l'organisme lui-même,

vous ajoutez : « C'est de là que surgissent nombre d'impulsions, de mobiles obscurs de la sensibilité, qui, eux aussi, déterminent notre réaction, quand nous ne leur opposons pas les motifs supérieurs de la raison » (p. 153). Ce sont ces motifs supérieurs de la raison, bien différents des mobiles sensibles, non seulement par leur complexité plus grande, mais par leur nature, qui sont les véritables fondements de la liberté. L'éducation de la raison est en réalité l'éducation de la volonté : c'est le développement de la liberté humaine par la prise de possession pleine et entière de la conscience de soi. C'est ce qui fait de votre psychothérapie non seulement une méthode thérapeutique neuve et originale, mais surtout un procédé éminemment moral, supérieur et, en un sens, opposé à tous les procédés de suggestion et d'hypnotisme, plus ou moins charlatanesques. On ne saurait trop vous en louer. Mais pourquoi, dans la théorie, nous dire tout le contraire, au risque de tout compromettre ? Pourquoi vous attacher pendant trois leçons à battre en brèche cette liberté que vous servez si bien dans la pratique ?

Je n'y vois qu'une raison, votre penchant pour la grande hypothèse moniste qui passe aujourd'hui pour la reine de la science. C'est elle qui repousse la liberté, parce que la liberté ne peut s'accorder avec ses prémisses matérialistes ; c'est elle qui prétend imposer partout son déterminisme physique. Si nous voulons la suivre jusqu'au bout, elle nous persuadera que la distinction des mobiles et des motifs, de la connaissance sensible et de la connaissance intellectuelle n'est qu'une subtilité inutile, et que l'empirisme suffit à tout expliquer.

C'est elle que nous devons maintenant étudier et critiquer au moins dans son ensemble. Cette critique nous montrera son insuffisance comme explica'ion métaphysique de l'univers, et nous conduira au dualisme spiritualiste, qui paraît bien plus capable de contenter la raison. Ce sera l'objet d'une troisième lettre.

TROISIÈME LETTRE

Monisme et Spiritualisme. — Nature de la liberté

MONSIEUR LE PROFESSEUR,

Plusieurs, surtout parmi les modernes, parvenus au point où nous sommes, croient pouvoir s'arrêter. Après avoir constaté qu'il faut, pour fonder la morale, une loi absolue, et que cette loi absolue doit être acceptée par une volonté libre; après avoir démontré, par les preuves qui conviennent dans l'ordre des vérités morales, l'existence de la liberté humaine, ils pensent avoir fait assez, et ne croient pas qu'il soit nécessaire de creuser plus loin, pour asseoir ces vérités sur un fondement métaphysique. La loi et la liberté supposent, en dehors et au-dessus du monde de la matière, un monde de l'esprit, et cela leur suffit à affirmer le spiritualisme. On peut cependant se montrer plus exigeant. Au lieu d'édifier, comme le philosophe de Kœnigsberg, la métaphysique sur la morale, on peut se proposer d'élever, côte à côte, comme deux colonnes jumelles supportant le portique du temple de la Vérité et se prêtant un mutuel appui, bien qu'en un certain sens indépendantes l'une de l'autre, la morale et la métaphysique. Après avoir postulé au nom de la morale la liberté humaine, après avoir repoussé une à une les objections que l'on oppose à cette liberté au nom de l'observation et des sciences expérimentales, il est bien permis d'aller chercher jusque dans les profondeurs de l'être, dans la nature intime de l'homme, la raison de cet attribut mystérieux.

En métaphysique, vous ne vous en cachez pas, vous professez le monisme : l'existence de deux mondes distincts, le monde de la matière et le monde de l'esprit, vous paraît une superfétation inutile. Mais le monisme peut s'entendre de deux façons : il y a le monisme de l'esprit, pour lequel la pensée, la conscience, est la seule réalité ; la matière n'est qu'un phénomène, une apparence : c'est le monisme de Berkeley et des idéalistes allemands ; de celui-là, vous faites bon marché : ce sont là des jeux d'esprit, une sorte d'acrobatie de la pensée (p. 33-34). Votre monisme à vous est le monisme de la matière. La pensée n'est plus que « le produit de l'activité cérébrale » (p. 34), la seule réalité est la matière.

Vous semblez, il est vrai, au dernier moment, vous dérober. « Laissons, dites-vous, aux métaphysiciens le soin de poursuivre cette analyse et d'aborder les problèmes de philosophie transcendante » (ibid.). Concession bien platonique, car, dans votre esprit, le problème est déjà résolu, et dans votre septième leçon, vous nous exposerez la conception moniste (p. 87). Je ne puis cependant m'empêcher de rapporter ici la phrase même dont vous vous servez pour affirmer votre opinion : « Ils trouveront plus rationnel d'établir la relation en sens inverse, d'admettre avant tout l'existence de nous-mêmes, du monde extérieur. » C'est un double objet que vous montre l'expérience, nous-mêmes et le monde ; mais immédiatement après, vous supprimez le sujet pensant ; vous le réduisez à n'être qu'une simple modalité de la matière : « Ils considé-

reront la pensée comme le produit de l'activité cérébrale » (p. 34). De quel droit ramener ce double objet
à un seul? Ce n'est plus l'expérience qui vous guide :
vous faites de la métaphysique, tout comme Parménide, Berkeley et Hégel : vous opérez en sens inverse,
mais votre opération est de même genre ; et la solution
à laquelle elle vous conduit, je l'ai montré déjà, est la
négation de toute liberté.

C'est donc bien sur le terrain métaphysique que doit
s'achever la discussion que nous avons entreprise. Je
n'ai pas toutefois la prétention de faire ici du monisme
une critique complète et de détail. D'autres ont exécuté
ce travail avant moi, et mieux que je ne saurais le
faire. Pour ne citer que M\ᵉʳ d'Hulst, puisque vous-
même avez prononcé son nom, vous pourrez trouver
cette critique magistralement conduite dans les notes
qui terminent le volume de ses *Conférences à Notre-
Dame* (1). Je résume son argumentation : Le monisme
prétend expliquer l'univers par une évolution de la
matière vers la vie et la conscience : mais, soit qu'il
exclue toute intervention d'une intelligence quelconque
pour diriger cette évolution ; soit qu'il admette une
intelligence immanente à la matière, la solution qu'il
nous présente est également inacceptable, car dans les
deux cas elle enferme une contradiction formelle. Dans
le premier cas, on prétend tirer le plus du moins,
expliquer ce qui est, par ce qui n'est pas. La contradiction, manifeste dans l'ensemble, se retrouve dans
les détails : à tous les degrés de l'échelle des êtres, on
voit quelque chose se former de rien : dans l'ordre de
l'existence, on part de l'atome qui est un néant de vie

(1) Carême de 1891.

et même, à le regarder de près, un néant de matière,
pour expliquer le monde matériel et tous les êtres
vivants; dans l'ordre de la connaissance, on réduit
toutes les opérations intellectuelles à la sensation, les
sensations à des vibrations qui ne contiennent absolument aucun élément conscient ; de même, dans l'ordre
moral, pour expliquer le devoir, l'obligation, on part
de la tendance qu'a l'être vivant à persévérer dans son
être, tendance qui peut se traduire par les sentiments
de plaisir ou de peine, par des désirs ou des aversions,
mais n'enferme rien de moral.

Si, pour échapper à ces difficultés, vous admettez une
intelligence immanente à la matière, nous vous deman-
derons ce que c'est qu'une intelligence qui ne connaît
pas, et qui ne se connaît pas ; une intelligence incons-
ciente et qui pourtant fait œuvre d'intelligence ? Avant
que l'évolution lui ait fourni son instrument de travail,
le cerveau humain, cette intelligence pouvait-elle diriger une évolution qu'elle ne connaissait pas ? En vertu
de quels principes, et vers quel but poussait-elle l'univers ? Si elle l'ignorait, et elle devait l'ignorer, n'est-ce
pas le plus grand des miracles qu'elle ait pu parvenir
à sa fin et réaliser son chef-d'œuvre ?

Vous nous répondrez que c'est mal comprendre l'im-
manence ; que les causes finales ne sont qu'un préjugé
théologique ; et qu'il suffit, pour expliquer l'évolution
et la conduire à son terme, que des lois nécessaires
inhérentes aux atomes eux-mêmes, produisent les
attractions et les combinaisons moléculaires dont la
résultante est le monde que nous voyons. Ainsi comprise, l'évolution n'est qu'une série indéfinie d'états qui
se succèdent, et s'expliquent les uns les autres, car tous
contiennent la même somme d'énergie, comme la

même quantité de matière : l'antécédent est la cause intégrale du conséquent. Nouvelle impossibilité : car cette évolution qui se déroule à travers les siècles a dû commencer. Quel que soit l'état que vous regardez comme initial, il faut bien que cet état ait existé, sous peine d'admettre une série infinie de générations, une chaine ouverte dont tous les anneaux seraient distincts, et dont aucun ne serait ni le premier ni le dernier. Que vous vous arrêtiez à la poussière cosmique des astronomes, ou que vous poussiez plus loin encore l'analyse, il faudra bien trouver un terme. Mais, de ce premier terme, comment sortir ? Si la matière était en repos depuis le commencement des siècles, qui l'a mise en mouvement au moment voulu ? Dès qu'il prétend expliquer le monde par des lois nécessaires et immanentes à la matière, le monisme se heurte à cette double impossibilité : ou d'une évolution sans point de départ et sans point d'arrivée, d'une évolution éternelle ; ou d'une évolution qui commence on ne sait pourquoi, ni quand, ni comment.

Encore cette hypothèse explique-t-elle tous les faits connus ? Parmi les découvertes qui ont fait la gloire du XIX° siècle, celles de Pasteur se rangent parmi les plus importantes ; et parmi les expériences de Pasteur, celles qui concernent la génération spontanée ont la plus haute portée scientifique et philosophique. On pouvait auparavant discuter sur cette question, et la trancher dans un sens ou dans l'autre, au gré de ses opinions préconçues. Cela n'est plus permis actuellement. Dans la pratique médicale surtout, l'application de la loi : *Omne vivens ex ovo*, a produit des résultats qui en sont la plus éclatante vérification. Pourrait-on croire encore que cette loi n'a qu'une valeur empiri-

que ? La précision, la variété, le nombre des expériences qui l'ont établie et des observations qui l'ont confirmée, ne permettent pas de supposer qu'un heureux
hasard ait tout fait ; et personne, parmi les savants,
n'accepte plus aujourd'hui l'idée de génération spontanée. Mais le monisme a besoin de génération spontanée. Il fut un temps, en effet, où la vie n'existait pas
sur notre globe : les conditions les plus indispensables
à la vie faisaient défaut. Aujourd'hui la vie existe.
Comment est-elle apparue ? En l'absence de toute
action venue du dehors, le monisme n'hésite pas à
répondre : Par génération spontanée.

Cette affirmation hardie, téméraire même, puisqu'elle
ne s'appuie sur aucun fait précis, nous la retrouvons
quand il faut expliquer l'apparition de la sensibilité
d'abord, de la pensée ensuite. De même que la matière
inerte a dû d'elle-même s'organiser en être vivant, de
même l'être vivant a vu poindre en lui, sans aucune
intervention étrangère, la conscience, le sentiment. On
ne fait aucune attention à la simplicité du fait de conscience, qui contraste étrangement avec la complexité
des réactions chimiques dans la cellule vivante ; il
suffit que ces deux phénomènes coïncident, pour qu'on
nous affirme qu'ils n'en font qu'un ; qu'un mouvement
vibratoire dont la vertigineuse rapidité atteint cinq
cent trillions d'ondulations en une seconde, soit perçu
dans la simple vision de couleur jaune, on ne s'arrête
pas un instant à considérer quelle peut être la cause de
cette prodigieuse transformation. On ne s'arrête pas
davantage lorsque dans les sensations multiples, varia-
bles, incohérentes même, apportées du monde extérieur, l'esprit sait reconnaître l'existence d'objets déter-
minés, dégager des lois générales et s'élever à la

connaissance des premiers principes. La matière, toujours la matière, avec ses vibrations qui se croisent, se mêlent, s'associent, la matière est le seul agent de connaissance, comme elle est le seul agent de sensibilité, comme elle est le seul agent de vie.

Telles sont les considérations d'ordre purement scientifique et métaphysique qui nous empêchent d'adhérer au monisme, et qui nous obligeraient à le rejeter alors même qu'il répondrait à toutes nos aspirations morales. Mais il ne suffit pas de détruire ; il faut encore édifier. Au monisme, dont nous avons fait voir les contradictions, nous opposons le spiritualisme dualiste ; car si la matière pure nous paraît insuffisante à construire l'univers, le monisme de l'esprit ne nous paraît pas plus satisfaisant. La spéculation philosophique, il est vrai, tend à l'unité ; on peut dire que cet effort pour rechercher l'unité de principe dans la multiplicité des phénomènes est l'âme de toute réflexion scientifique ou philosophique. Mais encore faut-il se défier des généralisations hâtives en philosophie comme en science. Et si deux principes sont nécessaires pour expliquer l'univers, nous n'hésiterons pas à admettre deux principes, la matière et l'esprit, quittes à chercher plus haut l'unité qui semble nous fuir, et à rapporter l'esprit et la matière à une commune origine, la volonté libre et toute-puissante du Créateur.

Ce spiritualisme, exposé et formulé par les grands docteurs catholiques du Moyen-Age, n'est pas, comme on le croit bien souvent, enfant de la philosophie grecque. Platon et surtout Aristote ont pu prêter à la pensée chrétienne un vêtement si parfaitement adapté qu'on l'a cru fait pour elle. Mais le fond de la doctrine se rattache au dogme de l'Église ; il a ses origines his-

toriques dans la révélation biblique. Pour en donner
une idée claire, et montrer comment il sauvegarde la
liberté humaine et la morale, il est nécessaire de définir
d'abord ce qu'est l'esprit, ce qu'est la matière, et quels
rapports ils ont entre eux.

Vous vous étonnez de voir un prélat catholique
« malmener sans façon ceux qui sembleraient devoir
être ses alliés naturels, les spiritualistes à la façon car-
tésienne » (p. 31). C'est qu'il ne suffit pas d'admettre
l'existence d'un double élément, matériel et spirituel,
il faut encore en donner une notion que la raison puisse
accepter. Or, les notions cartésiennes de matière et
d'esprit, très simples, sans doute, mais incomplètes,
nous mènent tout droit à l'absurde en métaphysique.
Si la matière est pure étendue, si l'esprit est pure pensée, aucun contact n'est possible entre les deux ; et
cette opposition radicale, cette incompatibilité d'hu-
meur, est le point de départ de toutes les difficultés
qui, depuis trois siècles, divisent les penseurs. De là,
l'occasionnalisme de Malebranche ; de là, l'harmonie
préétablie de Liebniz ; de là, le monisme de Spinoza.

Mais la matière est elle pure étendue ? l'esprit n'est-il
pas autre chose que la pensée ? L'étendue et la pensée
sont peut-être les caractères les plus saillants de la
matière et de l'esprit : c'est par là, du moins, que nous
les saisissons, que nous les connaissons. Nous percevons la matière comme étendue ; mais l'étendue ne
nous donne pas une idée complète, adéquate de la
matière : peut-être même pourrait-on dire avec Kant
que nous mettons un peu du nôtre dans cette forme
sous laquelle nous percevons nécessairement tout ce
qui est corporel ; à condition toutefois que l'on ne dise
pas que cette forme est tout. N'est-ce pas la confusion

entre ces deux notions de corps et d'étendue qui amène
ce qu'on appelle l'antinomie de l'infini? Comme
étendue, la matière doit être infinie et infiniment divi-
sible; comme corps réel, il y a des limites à son exten-
sion et à sa divisibilité. Si donc la matière est étendue,
elle est certainement encore autre chose qu'étendue :
il faut à l'étendue concrète un support, un substratum,
ce qu'on est convenu d'appeler la masse, principe
d'inertie et d'impénétrabilité.

La pensée, de même, est le premier caractère que nous
reconnaissons en nous quand nous reportons notre
attention sur nous-mêmes; mais pas plus que l'étendue,
la pensée ne peut subsister en elle-même. Sous le
phénomène il faut une substance qui lui serve de
support.

Mais pourquoi, direz-vous, ne pas attribuer les deux
phénomènes constatés à une seule et même substance?
pourquoi ne pas revenir au monisme? Cela serait sans
doute très philosophique, si cela était possible;
malheureusement, à mesure que nous avançons dans
l'analyse des notions de matière et d'esprit, nous les
voyons diverger de plus en plus, loin de se laisser
réduire à l'unité. Après l'étendue, le caractère le plus
net de la substance matérielle est l'inertie. Un corps
au repos demeure au repos jusqu'à ce qu'une force
étrangère vienne le mettre en mouvement. En mouvement, il conserve sa vitesse et sa direction tant
qu'une force étrangère ne vient pas l'arrêter ou le faire
dévier. L'esprit, au contraire, par l'examen interne,
m'apparaît doué de spontanéité. On ne peut donc pas,
avec les monistes, identifier ces deux substances douées
de caractères si différents. Mais on peut, malgré Des-
cartes, reconnaître entre elles une action réciproque.
S'il était contradictoire de dire que la pure étendue agit

sur la pensée pure, que la spontanéité et l'inertie ont entre elles quelque chose de commun, rien n'empêche d'admettre qu'une substance douée de spontanéité agisse sur une substance étendue, ou même que ces deux substances s'unissent en un composé nouveau. L'opposition des propriétés est une condition favorable à l'union, comme entre les substances chimiques, celles qui ont les propriétés les plus contraires ont aussi le plus d'affinité l'une pour l'autre.

Comment s'opère cette union? Pour les philosophes spiritualistes du Moyen-Age, que l'on appelle scolastiques, comme pour nous, la matière est incapable, par elle-même, de s'organiser et de vivre, comme elle est incapable de penser; si donc elle est organisée et vivante, et si l'être vivant jouit de la conscience et de la pensée, c'est qu'il y a en lui quelque chose de supérieur à la matière, un principe, une forme, comme on disait. Il n'est pas nécessaire, d'ailleurs, de multiplier ces formes: une seule suffit: qui peut le plus, peut le moins: la substance pensante, l'âme, est tout ensemble principe de vie, principe de conscience, principe d'intelligence et de volonté. Par elle l'homme non seulement pense et veut, mais il sent et il vit. Grâce à elle, la matière dont le corps est composé reçoit et conserve sa structure, ce qui lui donne la forme humaine, l'unité profonde qui en fait un être vivant, et non un agrégat de cellules et d'atomes. Ce n'est pas là une opinion particulière de quelques penseurs: cette théorie de l'union substantielle de l'âme et du corps a reçu, si je puis dire, l'estampille officielle dans le Concile de Vienne qui a déclaré en 1312 que l'âme raisonnable est vraiment et par elle-même la forme du corps. Il est facile de montrer combien cette théorie s'accorde avec les faits observés, et avec quelle facilité elle explique et sauvegarde la liberté.

La concomitance, le parallélisme constant entre le phénomène psychique de la pensée et le phénomène physiologique du travail cérébral, a servi de point de départ à votre argumentation contre la liberté. Si les modifications du cerveau, substance matérielle, sont conditionnées par les lois physiques et chimiques, et si d'autre part les modifications de la conscience suivent toujours celles du cerveau, on peut bien conclure en effet que les modifications de la conscience sont sous la dépendance des lois physiques et chimiques, qu'elles sont déterminées, et que la liberté n'est qu'un mot. J'irai plus loin encore; à côté des modifications du cerveau, je mettrai celles du système nerveux tout entier, celles de tout l'appareil de relation et même des organes de nutrition; je conviendrai avec M. Ribot que toute contraction musculaire retentit sur notre état mental; qu'il n'est pas jusqu'aux fonctions de la digestion qui n'aient leur écho dans la vie psychique. Mais la question se pose de savoir en quel sens se fait la relation constatée. — Le cerveau, substance matérielle, est sous la dépendance des lois de la matière; mais ne dépend-il que de ces lois? La matière qui le compose, et qui compose tout l'organisme, se comporterait-elle de la même façon, dans les mêmes circonstances, si elle n'était organisée et vivante? Le principe qui lui communique l'organisation et la vie, et qui, nous l'avons vu, ne peut pas s'expliquer par les seules lois de la matière, n'intervient-il pas pour une part dans ces modifications organiques si étroitement liées au fait de conscience? et dès lors, en dépit du parallélisme le plus rigoureux, ce principe de vie, qui est en même temps principe de conscience et de pensée, ne garde-t-il pas son autonomie vis-à-vis de la matière?

L'organisme, cerveau, muscles, nerfs, appareils sensoriels, est matière ; et comme tel, il subit les lois de la matière : il est soumis à la pesanteur et à l'inertie ; il ne développe de chaleur et de force qu'en l'empruntant à des combinaisons chimiques, en brûlant de sa substance. Mais il est construit et conservé dans sa forme (non seulement forme extérieure et grossière, mais structure intime des éléments les plus délicats), par l'âme qui lui communique la vie, et qui est en même temps le principe de conscience. Quoi d'étonnant que certaines modifications dans l'état des éléments anatomiques se traduisent par des faits de conscience, et qu'à son tour, l'activité de l'esprit influe sur les organes corporels?

Ce n'est pas la matière dont ces éléments anatomiques sont composés, qui leur communique cette propriété merveilleuse d'aller impressionner la conscience ; c'est uniquement en vertu de leur structure, de leur forme, comme on disait autrefois, qu'ils traduisent de telle ou telle façon le choc qu'ils ont subi. Or la forme, la structure, est fonction de la vie ; et la vie à son tour demande un principe supérieur, tout comme la sensibilité. Même les réactions qui semblent tout à fait mécaniques ne sont possibles qu'avec des éléments organisés et vivants. Vouloir interpréter le parallélisme entre les faits de conscience et le travail dont le cerveau est le siège, sans tenir compte de ce fait que le cerveau est organisé, et qu'il réagit en vertu de son organisation, c'est s'exposer à renverser les termes ; à prendre la cause pour l'effet et l'effet pour la cause.

En dépit du parallélisme, nous pouvons donc admettre que les faits de conscience échappent au déterminisme de la matière. Mais cela ne suffit pas ; il servirait de peu, pour la liberté, que l'âme ne fût pas assujettie à son corps, si elle était, comme le prétend Leibniz,

nécessairement déterminée par sa propre nature. Après
le déterminisme physiologique, le déterminisme psychologique.

C'est à ce dernier que nous faisions allusion dans
notre deuxième lettre, et le moment est venu d'aborder
de front cette question, la plus délicate peut-être de
toutes celles qui concernent la liberté humaine.

Tout ce qui est doit avoir sa raison d'être, dit Leibniz.
L'homme qui agit doit avoir une raison d'agir, un
motif, sans quoi son action serait absurde. Mais, dès
qu'elle est déterminée par un motif, cette action cesse
d'être libre.

L'objection, comme nous l'avons déjà insinué, part
d'une notion fausse de la liberté, appuyée elle-même
sur un concept erroné touchant l'activité de la substance
spirituelle. La liberté n'est pas l'indétermination absolue. Cela ne se comprendrait même pas. Et si les adver-
saires du libre arbitre posent ou supposent une pareille
définition, c'est qu'ils se figurent l'activité de l'esprit
d'après ce qu'ils savent ou croient savoir de l'activité de
la matière. Leibniz n'a pas échappé à ce danger, et ses
monades malgré leurs perceptions et leurs appétitions,
ses monades, au fond, sont de la matière ; leur activité
est une activité en tout semblable à l'inertie de la
matière ; avec une pareille conception il n'y pas de
milieu entre le déterminisme physique et l'indétermination absolue ; pas de place pour une liberté raisonnable.

A plus forte raison le matérialiste qui ne voit partout
que la matière avec ses propriétés physico-chimiques,
ne peut-il concevoir la liberté. Et nous sommes tous un
peu matérialistes sur ce point : les études scientifiques
nous ont habitués à ne voir partout que les lois physiques, et nous apportons ce préjugé en psychologie.

Même quand nous admettons un agent supérieur à la matière, nous nous le représentons d'après ce que nous savons de la matière ; aussi avons-nous toujours quelque peine à nous débarrasser du spectre du déterminisme.

Étudions avec plus de soin le mode d'activité de l'esprit comparé à celui de la matière, et nous pourrons plus aisément nous faire une idée de ce qu'est la liberté. Le mode d'activité de la matière s'appelle l'inertie. Malgré le tour paraxodal de cette assertion, on n'hésitera pas à l'accepter, si l'on veut bien réfléchir un instant sur l'énoncé habituel de cette loi d'inertie. En vertu de cette loi, une substance matérielle au repos reste au repos jusqu'à ce qu'une cause étrangère vienne la mettre en mouvement. En mouvement, elle conserve sa vitesse et sa direction, tant qu'une cause étrangère ne vient pas modifier son mouvement. Sur le tapis d'un billard, une bille d'ivoire vient en heurter une autre : le mouvement de la première se trouve modifié ; la seconde reçoit exactement ce que l'autre a perdu : l'action et la réaction sont égales et simultanées : aussitôt après le choc, chaque bille poursuit sa direction nouvelle comme si elle l'avait toujours eue. Le mouvement d'un corps à un moment donné est la résultante exacte des forces qui agissent sur lui à ce moment-là. En est-il de même pour la conscience ?

Le plus simple coup d'œil sur nous-mêmes nous montre que les choses vont tout autrement : ici, ce qui s'est passé reste présent, plus présent peut-être que le présent même, en vertu de la mémoire. Pas de conscience sans mémoire : conscience et mémoire semblent être une seule et même chose. Si j'ai conscience actuellement de ce que j'écris, c'est parce que je réunis en une seule perception tout ce que je viens d'écrire dans les lignes précédentes et que je prévois ce qui va suivre. Une pensée qui devrait se contenter du moment précis où elle est conçue, sans empiéter sur le passé ni sur l'avenir, ne serait plus consciente, ne serait plus pensée. Le propre de la substance spirituelle, de la substance qui pense, est donc de conserver le passé et de préparer l'avenir. Et c'est là ce qui fonde sa spontanéité, sa liberté : ce qu'elle reçoit n'entraîne pas chez elle réaction immédiate, ni réaction égale à l'action ; elle peut mettre dans la réponse moins ou plus qu'il n'y avait dans la demande, parce que c'est avec tout son passé qu'elle répond à la demande présente.

Ainsi la spontanéité est le mode d'activité spécifique de l'esprit, comme l'inertie est le mode d'activité de la matière. La spontanéité apparaît en même temps que la conscience. Nous avons pu dire avec M. Bergson que la conscience est un commencement de liberté. Nous nous sommes inspiré encore, dans les considérations qui précèdent, de ses études sur les rapports de l'âme et du corps(1). Mais nous ne nous sommes point cependant écarté un seul instant de la doctrine des philosophes scolastiques que nous avions entrepris d'exposer.

Saint Thomas définit la volonté un appétit raisonnable ; et la liberté, la faculté de choisir entre plusieurs objets (*inter plura*). Un appétit est une tendance ; et le grand docteur vous dira que la volonté tend au bien. Si on l'appelle raisonnable, c'est parce que cet appétit est guidé, éclairé par l'intelligence qui lui montre son objet : le bien vers lequel s'élance la volonté, c'est le bien qui est connu comme tel par l'intelligence. Et si l'âme jouit de la liberté, c'est pré-

---

(1) Bergson, *Matière et mémoire.*

cisément parce qu'elle est intelligence en même temps
que volonté. En présence d'un objet, l'intelligence
réfléchit, c'est-à-dire compare : le présent n'est pas
seul devant elle : toutes les connaissances acquises
dans le passé, et qui sont devenues comme une part
intégrante de notre être raisonnable, sont présentes
d'une façon plus ou moins claire à la conscience et
vont concourir à la formation du jugement. Notez
qu'il ne s'agit pas ici d'une série linéaire d'états de
conscience, dont le premier éveille le second, celui-ci
le troisième, jusqu'au dernier qui se résout en réaction
motrice. Ce serait encore nous représenter l'activité
intellectuelle sous forme d'activité matérielle, d'inertie ;
ce serait encore éliminer la liberté. Les connaissances
accumulées dans la conscience sous forme d'idées
générales, sont toutes ensemble à la disposition de
l'esprit qui juge : le jugement n'est que l'application
faite à l'objet présent d'une de ces notions générales ;
chaque jugement révèle un des côtés de l'objet :
utilité, beauté, bonté physique et bonté morale, c'est-
à-dire conformité de cet objet avec les diverses aspirations pratique, esthétique, morale, qui se trouvent
dans l'âme. Et ces conformités connues par l'intelligence deviennent les motifs de rechercher ce même
objet. C'est ici qu'apparaît clairement la liberté, c'est-
à-dire la faculté de choisir : l'âme ne se détermine
pas sans motif ; mais parmi les motifs qui lui sont
présentés en même temps par l'intelligence, et son
intelligence n'est point distincte d'elle-même, il en est
de plus ou moins élevés, de plus ou moins conformes
à sa loi suprême qui est de tendre au bien. Sa liberté
consiste à choisir entre ces motifs ; et sa responsabilité,
j'entends sa responsabilité morale, vient de ce qu'elle
peut choisir, se déterminer elle-même, sans être nécessairement déterminée par une cause étrangère.

Telle est, d'après les philosophes de l'école, la nature de la liberté; fondée tout entière sur la nature intelligente et raisonnable de l'âme, elle n'entraîne pas, comme le croyait à tort Leibniz, l'indétermination absolue; mais elle laisse à l'esprit la faculté de réfléchir, de juger et de se déterminer lui-même. — Nous trouvons la plus éclatante confirmation de cette théorie dans la seule exception qu'y fait saint Thomas. Placée en face du souverain bien, c'est-à-dire de Dieu connu par la vision intuitive, l'âme humaine perd non pas sa liberté, car elle ne change pas de nature, mais l'exercice de cette liberté. Elle se porte nécessairement vers cet objet dont l'attrait est pour elle invincible. C'est qu'ici, tous les jugements qu'elle peut former sont concordants; tous aboutissent à la même conclusion; tous les motifs concourent à la porter vers Dieu.

Une autre conséquence de la théorie vient encore la confirmer : si l'intelligence est à la base de l'acte libre, celui-ci sera d'autant plus libre, et par suite d'autant plus imputable à son auteur que la connaissance aura été plus entière. Tout ce qui peut au contraire gêner l'opération de l'intelligence, ignorance, inadvertance, diminuera la responsabilité. Les passions elles-mêmes ne peuvent porter atteinte à la liberté qu'autant qu'elles troublent la raison, qu'elles obscurcissent les idées par les orages qu'elles soulèvent dans l'imagination.

Ici, nous sommes d'accord non seulement avec les théologiens catholiques, mais avec tous les moralistes dignes de ce nom. Tous sont obligés de convenir que sans liberté il ne peut y avoir de responsabilité morale; tous sont même d'accord à placer dans l'intelligence la dignité de l'homme, et dans la conformité avec une loi juste et sage, la valeur morale de nos actions. Tous, par conséquent, directement ou indirectement, sont forcés de donner leur approbation à la thèse spiritualiste en dehors de laquelle il n'y a pas de liberté possible, puisqu'en dehors du spiritualisme, on n'admet pas de principe intelligent distinct de la matière et obéissant à d'autres lois.

S'il reste encore quelque chose de mystérieux dans cette opération de l'esprit qui se détermine lui-même, d'après des motifs qu'il a lui-même élaborés par une suite plus ou moins longue de jugements, nous pouvons répondre que nous ne trouvons pas moins d'obscurité dans les actions les plus simples, les plus élémentaires de la matière ; dans ces actions que vous admettez sans même soulever un doute à leur sujet, l'attraction, les affinités chimiques, et les autres forces par lesquelles vous voudriez expliquer le monde de l'esprit comme le monde des corps. A philosopher en toute simplicité, on est porté à juger avec le bonhomme La Fontaine, que l'esprit

> ....se conçoit nettement
> Se conçoit mieux que le corps même.

Sans aller aussi loin, et sans insister surtout sur les difficultés que rencontre le philosophe quand il veut pénétrer le mystère de la constitution de la matière, nous resterons fidèle aux enseignements de la philosophie traditionnelle des écoles catholiques. Car c'est chez elles que nous trouvons la solution la plus raisonnable des grands problèmes qui intéressent l'humanité.

CONCLUSIONS

I. — Pas de morale sans liberté ; pas de morale sans une loi supérieure acceptée par l'être libre. C'est la première conclusion qui s'est dégagée quand nous avons voulu presser les systèmes de morale bâtis sur le fondement ruineux du matérialisme, du monisme et de l'évolution. Cette conclusion nous conduisait déjà naturellement au spiritualisme dualiste.

II. — Les objections tirées de la biologie contre la liberté humaine ne reposent que sur un malentendu, sur une confusion entre deux sciences toutes différentes, la physiologie et la psychologie; et cette confusion est encore un fruit de l'hypothèse moniste qui n'admet qu'une seule espèce de force, la force physico-chimique, inhérente à la matière. Telle est notre seconde conclusion ; elle aussi nous amenait à comparer entre eux le monisme et le spiritualisme.

III. — De la comparaison que nous avons faite avec toute la sincérité possible, il résulte :

1° Que le monisme, à supposer qu'il explique l'évolution des mondes jusqu'à l'apparition de la vie, est impuissant à expliquer ce dernier phénomène : on parle beaucoup aujourd'hui de méthode expérimentale ; or, la méthode expérimentale n'a peut-être jamais été appliquée avec autant de rigueur que dans les fameuses expériences contradictoires entre Pasteur et Pouchet au sujet des générations dites spontanées. Or le résultat

absolument irrécusable de ces expériences, c'est que
jamais la vie n'apparaît spontanément ; que la vie ne
vient jamais que de la vie ;

2° Que le monisme est aussi incapable de nous expliquer le passage de la vie à la sensation, et de la sensation à la pensée, que d'expliquer le passage de la matière
brute à l'être vivant ;

3° Que le spiritualisme, tel qu'il était enseigné par les
docteurs du Moyen-Age, rend compte de la concomitance entre le phénomène psychique de la pensée et le
travail dont le cerveau est le siège. Cette concomitance
avait été la pierre de scandale qui vous avait détourné
du spiritualisme et rejeté dans l'hypothèse moniste ;

4° Que la liberté, dans la théorie spiritualiste, loin
d'être une notion contradictoire, est parfaitement
d'accord avec tout ce que nous enseigne l'observation
psychologique ;

5° Enfin que la liberté a pour fondement l'intelligence, la raison ; que diminuer la raison c'est diminuer
la liberté ; que développer ou éduquer la raison, c'est
développer la liberté.

IV. — Cette dernière conclusion nous ramène à la
psychothérapie. Quand vous vous adressez à la raison de
l'homme pour le faire réfléchir, pour le faire vouloir,
pour l'élever au-dessus de ses propres faiblesses, l'arra-
cher aux obsessions de son imagination malade, lui
rendre enfin la maîtrise de lui-même, vous avez élevé
la volonté en même temps qu'éclairé l'intelligence.
C'est bien là en effet le rôle de l'éducateur ; le rôle du
médecin digne de ce nom. C'est le rôle que vous vous
êtes donné et que vous remplissez noblement. Mais ce
rôle serait-il possible si la liberté, si la moralité ne

préexistaient pas dans les replis de la conscience humaine ?

Ainsi notre critique, intransigeante sur les principes, mais franche et sympathique, en rejetant ce qui nous a paru erroné dans la partie théorique de votre ouvrage, laisse subsister le système thérapeutique dont vous vous êtes fait le champion convaincu. Bien plus : ce système thérapeutique trouvera, croyons nous, dans la théorie philosophique que nous défendons, une base plus rationnelle et plus solide que dans un matérialisme qui ruine la morale avec la liberté. Qu'il nous soit permis de souhaiter que la psychothérapie ainsi comprise gagne tous les jours de nouveaux partisans, et qu'elle soit appliquée par tous avec le même tact, la même bonté, le même esprit scientifique qui en a fait fait entre vos mains un instrument de salut pour les corps et pour les âmes.

TABLE DES MATIÈRES

Marseille. — Imprimerie Marseillaise, rue Sainte, 39.

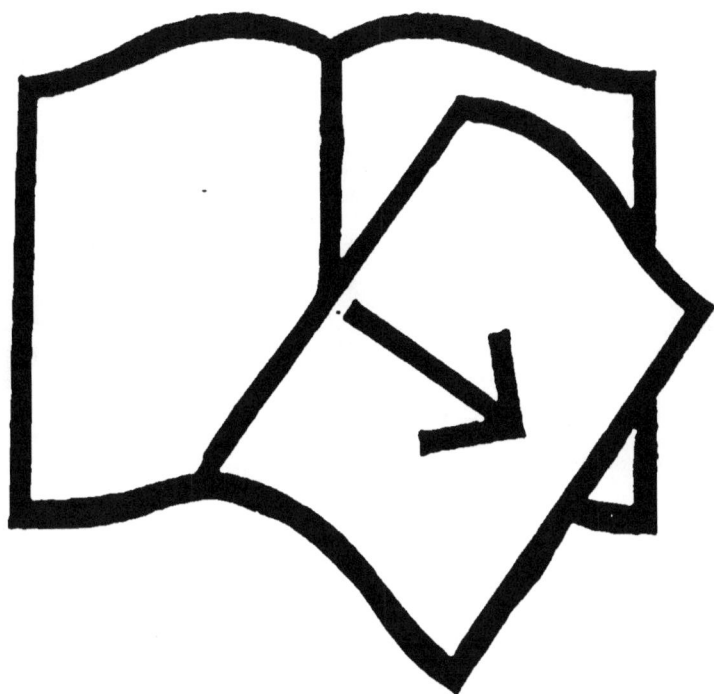

Documents manquants (pages, cahiers...)
NF Z 43-120-13

www.ingramcontent.com/pod-product-compliance
Lightning Source LLC
Chambersburg PA
CBHW070929280326
41934CB00009B/1806